Bibliografische Information der Deutschen Nationalbibliothek:

Die Deutsche Bibliothek verzeichnet diese Publikation in der Deutschen National-
bibliografie; detaillierte bibliografische Daten sind im Internet über http://dnb.d-
nb.de/ abrufbar.

Impressum:

Copyright © 2016 GRIN Verlag, Open Publishing GmbH
Druck und Bindung: Books on Demand GmbH, Norderstedt Germany
ISBN: 9783668375802

Jeannette Koetzner

Gruppentraining Wirbelsäulengymnastik. Phasenverlauf, Externe Bedingungen und Planung einer Kurseinheit

GRIN Verlag

Deutsche Hochschule für

Prävention und Gesundheitsmanagement

Hermann Neuberger Sportschule 3

66123 Saarbrücken

Einsendeaufgabe

Fachmodul: Gruppentraining I

Studiengang: Fitnessökonomie

Datum
Präsenzphase: 25.04. – 28.04.2016

Name, Vorname: Koetzner, Jeannette

Studienort: **München**

Semester: **WS 15**

Inhaltsverzeichnis

Analyse eines ausdauerorientierten Kurses

Für die folgende Arbeit wurde innerhalb des Ausbildungsbetriebs an dem ausdauerori-entierten Kurs „Easy Step" teilgenommen. Die Dauer der Kurseinheit beträgt 60 Minu-ten.

1.1 Phasenverlauf des besuchten Kurses

Tab. 1: Phasenverlauf des besuchten Kurses „Easy Step" (eigene Darstellung)

Phasenverlauf „Easy Step"	
Einleitung: 15 Minuten	**Übungsbeispiel/Schritt**
Begrüßung: 1 Minute	
- Einbindung von Neukunden	- Allgemeines Warm Up
Allgemeines Warm Up: 4 Minuten	- Methode: lineare Progression
- mentale Einstimmung - Erhöhung der Leistungsbereitschaft - Vorbereitung Herz-Kreislauf-System - Erhöhung der Körpertemperatur - Mobilisation großer Gelenke	- March re./li.; Arme: Shoulder circle back - Side to Side re./li.; Arme: Shoulder circle back - Side to Side re./li.; Arme: Push front - Leg Curl re./li.; Arme: Push front - Leg Curl re./li.; Arme: Side lift
Spezielles Warm Up: 10 Minuten	
- Vorbereitung der geforderten Muskelgruppen - Vorbereitung geplanter Bewegungsabläufe - Gewöhnung an den Step als Trainingsgerät - kurzes „Pre-Stretch"	
Hauptteil: 40 Minuten	**Übungsbeispiel/Schritt**
- Aufbaumethode: Add-on - vier Blöcke aus zwei Choreographien, die jeweils rechts und links durchgeführt werden - Finale: Block 1 re. + Block 1 li. + Block 2 re. + Block 2 li. zusammengefügt und mehrmals wiederholt	- Block 1/32 Zählzeiten (ZZ) - 1-4 ZZ: 1 Mambo Cha-cha-cha re. - 5-8 ZZ: March - 9-12 ZZ: 1 Mambo Cha-cha-cha li. - 13-16 ZZ: March - 17-24 ZZ: 2 V-Step re. - 25-32 ZZ: Repeater Knee Lift re.
Schlussteil: 5 Minuten	**Übungsbeispiel/Schritt**
Cool-down I: 1 Minute	- Cool-down II
- Bewegungen im Stand - Einleitung Regeneration/Intensitätssenkung - Verringerung Herz-Kreislauf-Tätigkeit	- statisches Dehnen der Oberschenkelvorderseiten - Stand auf Step; Standbein leicht gebeugt; Ferse der zu dehnenden Seite mit der Hand zum Gesäß ziehen
Cool-down II: 3 Minuten	
- Lockerungsübungen - Dehnungsübungen - runder und ruhiger Ausklang im Stand	- ca. 15 Sekunden halten
Verabschiedung: 1 Minute	
- „Vielen Dank und einen schönen Feiertag!" - Aufräumen der Steps	

Der dargestellte Phasenverlauf der besuchten Kurseinheit soll im Folgenden mit der optimalen Drei-Phaseneinteilung verglichen werden.

Der Kurs war insgesamt sehr gelungen und lieferte den Teilnehmern einen optimalen Einstieg im Bereich Step Aerobic. Der Kursleiter konnte sich aufgrund seiner jahrelangen Tätigkeit als Trainer die ganze Stunde auf die Teilnehmer konzentrieren.

Allerdings könnten im Bereich des Phasenverlaufs einige Verbesserungen vorgenommen werden. So lässt sich der optimale Phasenverlauf zu 1/5 in die Einleitung, zu 3/5 in den Hauptteil und zu 1/5 in den Schlussteil unterteilen (Reiß & Eifler, 2015, S. 64). Vorliegend war der Hauptteil mit 40 Minuten zu Lasten des Schlussteils zu lang. Wird dem Schlussteil zu wenig Aufmerksamkeit geschenkt, besteht die Gefahr, dass die Teilnehmer den Kurs mit erhöhtem Puls verlassen und die Voraussetzungen für die optimale Regeneration nicht gegeben sind (Reiß & Eifler, 2015, S. 64). Der Kursleiter hat sich zwar im Hauptteil Zeit genommen, die Choreographie einzuüben. Besser wäre es jedoch gewesen, einen Block wegzulassen und dafür dem Cool-down die nötige Beachtung zu schenken.

Der Trainer ist sofort auf mich eingegangen und hat mich damit als Neukunde gut integriert, jedoch fehlte es an einer allgemeinen Begrüßung sowie den motivierenden Worten für den Rest der Gruppe. Die fehlende Begrüßung liegt möglicherweise darin begründet, dass der Kursleiter die Teilnehmer schon länger kennt. Die ersten Minuten der Einheit entscheiden jedoch über deren weiteren Verlauf, so dass der Trainer Wert auf die freundliche Begrüßung aller Teilnehmer legen sollte (Reiß & Eifler, 2015, S. 64).

Das allgemeine und das spezielle Warm Up waren sehr gelungen. Es wurde mit kleinen Bewegungen begonnen und somit eine progressive Belastungssteigerung erreicht (Reiß & Eifler, 2015, S. 65). Im speziellen Warm Up wurde der Step miteinbezogen. Gemäß dem Prinzip „vom Einfachen zum Komplexen" wurden Schrittkombinationen wie der Repeater Knee Lift und der V-Step eingeführt, um den Teilnehmern den Hauptteil zu erleichtern (Reiß & Eifler, 2015, S. 73). Den Abschluss der Einleitung bildete ein kurzes „Pre-Stretch".

Der Hauptteil wurde nach der Add-on Methode aufgebaut, sodass die Teilnehmer gut folgen konnten. Nach dem Prinzip „vom Einfachen zum Komplexen", entstanden damit aus den einzelnen Schritten zusammengesetzte Schrittfolgen (Reiß & Eifler, 2015, S. 73). Bei koordinativen Problemen der Teilnehmer wurde die Choreographie langsam und ohne Musik durchgegangen. Die Choreographien waren für Einsteiger geeignet und bescherten den Teilnehmern ein Erfolgserlebnis.

Der Schlussteil wurde durch einen Musikwechsel eingeleitet. Im Cool-down I verringerte der Trainer zwar die Bewegungsgeschwindigkeit und den Ausführungsradius der Arm- und Beinbewegungen, er wurde aber mit einer Dauer von einer Minute zu stark vernachlässigt. Im Cool-down II folgten dann Dehnübungen für die primär beteiligte Muskulatur. In der Verabschiedung fehlte zwar das Feedback bzw. die Worte zum Stundenverlauf, allerdings bedankte sich der Kursleiter bei allen Teilnehmern und es wurden gemeinsam die Steps aufgeräumt.

Zusammenfassend kann gesagt werden, dass die Kurseinheit ideal für Einsteiger ist und der Trainer sich stark auf die Teilnehmer fokussiert. Mit Ausnahme der nicht so gelungenen Gewichtung der Phasen war die Stunde gut aufgebaut und für alle ein Erfolg.

1.2 Motorische Fähigkeiten im besuchten Kurs

Der Kurs Step Aerobic hat die Verbesserung der Ausdauerleistungsfähigkeit als Ziel. „Ausdauer ist die Fähigkeit, physisch und psychisch lange einer Belastung zu widerstehen, deren Intensität und Dauer letztendlich zu einer unüberwindbaren (manifesten) Ermüdung (= Leistungseinbuße) führt, und/oder sich nach physischen und psychischen Belastungen rasch zu regenerieren" (Zintl, 1997, S. 28). Der Begriff der Ausdauer ist zum einen durch die psychische und physische Ermüdungswiderstandsfähigkeit des Organismus geprägt. Anhand des Beispiels Step Aerobic ist ersichtlich, dass – durch die fortlaufende Bewegung der Teilnehmer – das Herz-Kreislauf-System und die Skelettmuskulatur dazu trainiert werden, längere Zeit ohne Ermüdungserscheinungen Arbeit zu verrichten (Reiß & Eifler, 2015, S. 24). Zusätzlich wird der Wille der Teilnehmer gefördert, der Belastung lange stand zu halten. Dies zeigt sich beispielsweise darin, dass im Finale die beiden Choreographien aneinander gehängt wurden und häufig hintereinander wiederholt wurden. Zum anderen definiert sich die Ausdauer über die Regenerationsfähigkeit. Bei regelmäßigem Kursbesuch werden die Teilnehmer eine schnellere Erholung ihres Organismus feststellen.

Step Aerobic spricht vorwiegend die allgemeine-aerob-dynamische Ausdauer an. Durch komplexe Bewegungen wie beispielsweise dem Repeater Knee Lift wird mehr als 1/7 bis 1/6 der gesamten Muskulatur beansprucht. Zusätzlich dominiert im Fitnesssport ein Training im aeroben Stoffwechselbereich, um eine Überforderung des Herz-Kreislauf-Systems zu vermeiden (Reiß & Eifler, 2015, S. 25 f.). Während der Kurseinheit sind die Teilnehmer ständig in Bewegung und es werden Schrittkombinationen aneinander gehängt. Trainiert wird mithin die dynamische Ausdauer (Reiß & Eifler, 2015, S. 25 f.).

Über die Ausdauer hinaus wird aufgrund des choreographischen Anspruchs des Kurses die Koordination der Teilnehmer angesprochen.

„Aus neuromuskulärer Sicht bezeichnet Koordination das Zusammenwirken von Zentralnervensystem und Skelettmuskulatur innerhalb eines gezielten Bewegungsablaufes" (Hollmann & Hettinger, 1990, S. 143). Die Koordination ist daher Bestandteil jeder Bewegung und erfordert die Organisation von Teilkörperbewegungen untereinander. Bei Step Aerobic werden unterschiedliche Schritte aneinander gehängt sowie Arm- und Beinbewegungen kombiniert. So können beispielsweise beim V-Step die Armbewegungen als Bizeps Curls gestaltet werden, während die Beinbewegung das „V" nachahmt. In der besuchten Stunde wurde zudem der Leg Curl zweimal rechts und zweimal links ausgeführt, anstatt nach zwei Zählzeiten bereits die Seite zu wechseln. Weiter wurde bei der Einführung des Repeater Knee Lifts jeweils nach einem Reapeater Knee Lift ein Basic Schritt eingefügt, sodass die Teilnehmer den Basic Schritt abwechselnd mit rechts und mit links ausführen mussten.

Step Aerobic spricht speziell die intermuskuläre Koordination an. Diese verbessert sich durch die Kurseinheit, indem durch die komplexen Bewegungsabläufe das Zusammenspiel der jeweils beteiligten Muskulatur gefordert wird (Reiß & Eifler, 2015, S. 31 f.).

1.3 Betrachtung des Kursleiterverhaltens

Der Gruppentrainer ist ein entscheidender Faktor, welcher zum Erfolg des Kurses und damit zum Erfolg des gesamten Kursbereichs der Fitnessanlage beiträgt. In diesem Zusammenhang sollte er verschiedene Funktionen erfüllen. Diese sind insbesondere: Lehrer, Dienstleister, Vorbild und Animateur (Reiß & Eifler, 2015, S. 90 f.).

Tab. 2: Vergleich des optimalen mit dem tatsächlichen Kursleiterverhalten (eigene Darstellung)

Kursleiterverhalten	
Funktion des Lehrers	**Verhalten des Kursleiters**
- Sorgfältige Vorbereitung des Kurses - Gute Vermittlung des Inhalts/der einzelnen Übungen - Fachliches Know-how	- Anschalten von Licht und Musikanlage erst zu Stundenbeginn - Aufzeigen einfacher/schwerer Variationen; Durchgang ohne Musik bei Problemen - Sicheres fachliches Auftreten
Funktion des Dienstleisters	**Verhalten des Kursleiters**
- Ansprechpartner für Kursteilnehmer - Integration von Neukunden - Zuverlässigkeit und Pünktlichkeit	- Eingehen auf Koordinationsprobleme - Einfachere Variationen für Neukunden - Pünktlichkeit

Funktion des Vorbilds	Verhalten des Kursleiters
- Vorleben des vermittelten Inhalts - Äußeres Erscheinungsbild - Gesamtes Auftreten	- Sportliches Erscheinungsbild - Tänzerische Vorbildfunktion
Funktion des Animateurs	**Verhalten des Kursleiters**
- Vermittlung von Spaß, guter Laune und Motivation - Ständige aktive und freundliche Präsenz - Kritikfähigkeit	- Präsentes Auftreten - Einbeziehen aller Teilnehmer durch humorvolle Art - Demotivation der Teilnehmer wird vorgebeugt

Nach Reiß & Eifler (2015, S. 90 f.) sind die Anforderungen an den Kursleiter im besuchten Kurs nahezu optimal erfüllt. Als einziger Kritikpunkt ist aufzuführen, dass der Trainer erst pünktlich zu Stundenbeginn den Kursraum betreten hat und erst dann Licht und Musikanlage anschalten konnte. Der Kursleiter war bis zu Stundebeginn in ein Gespräch mit dem Thekenpersonal vertieft.

Aufgrund seiner langjährigen Erfahrung lag die volle Aufmerksamkeit des Trainers während der Stunde bei den Teilnehmern, wodurch er in hohem Maße den Funktionen eines Gruppentrainers gerecht wurde.

2 Externe Bedingungen einer Kurseinheit

Bevor die jeweilige Kurseinheit ihrem Inhalt nach aufgebaut wird müssen die externen Bedingungen beachtet werden. Im Folgenden werden die möglichen Auswirkungen der Rahmenbedingungen sowie der gewählten Zielgruppe und der Zielsetzung auf die zu planende Kurseinheit dargestellt.

2.1 Auswirkungen der Rahmenbedingungen

Die Rahmenbedingungen – v.a. die Räumlichkeiten und die Ausstattung der Anlage sowie Klima bzw. Tageszeit – besitzen einen nicht unerheblichen Einfluss auf die Qualität des Kursangebots im Studio (Reiß & Eifler, 2015, S.68).

Der Kursleiter sollte den entsprechenden Kursraum des Studios und insbesondere dessen Raumgröße kennen. Je nachdem, ob mit oder ohne Kleingeräte gearbeitet wird sollte jeder Teilnehmer zwischen zwei und vier qm Platz haben (Reiß & Eifler, 2015, S. 68). Hat der Kursteilnehmer nicht genügend Platz stört das den Ablauf der Einheit und er wird sich überlegen, ob er diesen Kurs noch einmal besucht. Darüber hinaus muss genügend Platz bestehen, sodass der Kursleiter zwischen den Teilnehmern durchlaufen und ggf. korrigieren kann.

Aufgabe des Kursleiters ist es außerdem, sich zu vergewissern, dass von den benötigten Kleingeräten eine ausreichende Anzahl vorhanden ist und diese auch nicht beschädigt sind (Reiß & Eifler, 2015, S. 68). Sind beispielsweise nicht genügend Langhanteln bei dem Kurs BODYPUMP® vorhanden, gerät der Kursleiter während des Kurses in Verlegenheit und muss flexibel auf die Situation reagieren. Dies kann im vorliegenden Beispiel dazu führen, dass einige Teilnehmer mangels Langhanteln den Kurs verlassen müssen, bzw. nicht dem Kursziel entsprechend mitmachen können. Diese Kursteilnehmer kann das Studio im schlimmsten Fall verlieren und darüber hinaus negative Mundpropaganda erhalten.

2.2 Auswirkungen der Zielgruppe

Der jeweilige Inhalt der Kurseinheit sollte sich grundsätzlich nach der Zielgruppe richten. Auswirkungen haben dabei insbesondere die Gruppengröße, sowie Alter, Geschlecht und Leistungslevel der Kursteilnehmer (Reiß & Eifler, 2015, S. 69).

Bei der Gruppengröße sollte darauf geachtet werden, dass beispielsweise bei BODY-PUMP® ausreichend Langhantelstangen sowie Gewichtsscheiben vorhanden sind. Nur dann kann der einzelne Teilnehmer individuell das der jeweiligen Übung entsprechende Gewicht wählen. Zudem ist aufgrund der benötigten Geräte, wie Step und Langhantel mehr Platz pro Teilnehmer erforderlich, als in einer klassischen Bauch-Beine-Po Stunde ohne Kleingeräte. Bei BODYPUMP® wären daher bis zu vier qm Platz pro Teilnehmer zu empfehlen.

Die jeweilige Kurseinheit sollte die Teilnehmer zudem stets ihrem Leistungslevel entsprechend ansprechen (Reiß & Eifler, 2015, S. 69). Während sich Fortgeschrittene in einer Easy Step Stunde unterfordert fühlen und den Spaß verlieren könnten, werden Einsteiger von zu komplexen Choreografien abgeschreckt und fühlen sich nicht im Kurs integriert. Durch die Einteilung der Kurse nach Leistungsstufen kann jedem Teilnehmer ein Erfolgserlebnis garantiert werden. Außerdem besteht für die Teilnehmer mit dem Fortgeschrittenenkurs eine Steigerungsmöglichkeit.

2.3 Auswirkungen der Zielsetzung

Mit Blick auf die Zielsetzung der Kurseinheit hat der Kursleiter den Hauptteil zu gestalten und die Auswahl der einzelnen Übungen zu treffen.

Es ist daher wichtig, die Zielsetzung auf die Zielgruppe abzustimmen (Reiß & Eifler, 2015, S. 70). So sollte z.B. der Kurs Dancemoves zum einen für Einsteiger angeboten werden, aber auch für Fortgeschrittene im Kursplan vorgesehen sein. Dadurch wird gewährleistet, dass dem Einsteiger zunächst mit einfachen Schritten ein Rhythmusgefühl und der Spaß am Tanzen vermittelt werden. Während im Einsteigerkurs mit einfachen Choreografien gearbeitet wird, kann der Gruppentrainer die Koordination im fortgeschrittenen Kurs mit komplexeren Choreografien noch weiter fordern. So wird verhindert, dass sich der fortgeschrittene Kursteilnehmer unterfordert fühlt.

Des Weiteren muss der Kursleiter das Warm Up und den Cool-down der Einheit auf die im Hauptteil verwirklichte Zielsetzung abstimmen (Reiß & Eifler, 2015, S. 70). Handelt es sich beispielsweise um eine Step Aerobic Stunde, so muss bereits im speziellen Warm Up der Step integriert werden. Dadurch können sich die Kursteilnehmer mit diesem vertraut machen und das Verletzungsrisiko wird minimiert (Reiß & Eifler, 2015, S. 65). Zudem muss bereits in dieser Kursphase das gesamte Herz-Kreislauf-System auf den ausdauerorientierten Hauptteil vorbereitet werden (Reiß & Eifler, 2015, S. 64 f.). Beim Cool-down ist demgegenüber darauf zu achten, dass das Herz-Kreislauf-System und die Körpertemperatur wieder heruntergefahren werden, da es sonst zu Herz-Kreislauf-Problemen kommen kann (Reiß & Eifler, 2015, S. 67).

3 Kursplananalyse

Im Folgenden soll der Kursplan des Ausbildungsbetriebs analysiert werden. Der Kursplan ist ab dem 01.02.2016 gültig. Zusätzlich zu dem jeweiligen Kurs sind die Uhrzeit, der Name des Kurstrainers und der jeweilige Kursraum angegeben.

3.1 Kursplananalyse aus organisatorischer Sicht

Aus organisatorischer Sichtweise sind für die Kursplankonzeption sowohl die Räumlichkeiten als auch die Aufbau- bzw. Ablauforganisation des Studios von Bedeutung. Insbesondere sollten die Kurse so gelegt werden, dass sie den Öffnungszeiten der Fitnessanalage gerecht werden (Reiß & Eifler, 2015, S. 144 f.). Die Öffnungszeiten des Studios sind montags bis freitags 07.30 Uhr bis 00.00 Uhr und am Wochenende von 07.30 Uhr bis 22:00 Uhr. Im Kursplan ist Easy Step als erster Kurs mittwochs um 09.00 Uhr eingeplant und das Squash Training am Dienstag endet als letzter Kurs um 23:00 Uhr. Die Kursteilnehmer haben damit die Möglichkeit, sich in Ruhe umzuziehen und die Kurseinheit eventuell– noch mit einem Saunabesuch abzuschließen. Während der Stoßzeiten sollte der Kursplan den Mitgliedern eine gute Alternative bieten und die Betreuung möglichst vieler Trainierender pro Zeiteinheit ermöglichen. Zusätzlich werden Wartezeiten an den Geräten im Fitnessbereich vermieden (Reiß & Eifler, 2015, S. 145). Im vorliegenden Beispiel des Ausbildungsbetriebes sind die Hauptauslastungszeiten unter der Woche zwischen 18:00 und 20:00 Uhr. Aufgrund dessen finden in der Zeit von 19:00 bis 20:00 Uhr von Montag bis Donnerstag mindestens zwei Kurse parallel in den beiden zur Verfügung stehenden Kursräumen bzw. auf der funktionellen Trainingsfläche – der Challenger Zone® – statt. Der Freitag ist hingegen nicht so stark frequentiert, sodass pro Stunde jeweils nur ein Kursangebot vorgesehen ist. Auch am Wochenende ist die Studioauslastung gering, wodurch das Kursangebot ohne Schwierigkeiten auf fünf Kurse am Samstag und drei am Sonntag reduziert werden kann. Aus dem eben genannten Grund findet am Feiertag kein Kursbetrieb in der Anlage statt.

3.2 Kursplananalyse aus trainingswissenschaftlicher Sicht

Die trainingswissenschaftliche Sicht orientiert sich am Sinn und Zweck von Gruppentrainingsangeboten: die Gesunderhaltung und die Verbesserung der Leistungsfähigkeit. Um den Trainingszielen und Wünschen der Kunden gerecht zu werden, sollten die einzelnen Kurse für verschiedene Leistungslevel – also mindestens Einsteiger und Fortgeschrittene – angeboten werden (Reiß & Eifler, 2015, S. 126 f.). Damit wird jedem Kursteilnehmer ein Erfolgserlebnis ermöglicht. Der vorliegende Kursplan lässt zwar die Einteilung des Step Kurses in „Step" und „Easy Step" erkennen, unterscheidet jedoch darüber hinaus nicht nach Leistungsstufen. Als Verbesserung könnte beispielsweise das Squash Training, welches viermal wöchentlich stattfindet, zumindest einmal als Einsteigerkurs ausgerichtet werden. Weiter könnte im Bereich der Kurse HIT-FIT, Pump up und dem Trampolinkurs „Up in the air" jeweils ein Einsteigerkurs angeboten werden, um Einsteigern den bestmöglichen Erfolg zu garantieren und diese zu motivieren. Ferner bietet die Unterteilung nach Leistungsstufen eine Steigerungsmöglichkeit für die Kursteilnehmer.

Aus trainingswissenschaftlicher Sicht sollte weiter beachtet werden, dass die Kurslänge zwischen 15 und 90 Minuten beträgt und zwischen den jeweiligen Kursen Pausen von ca. zehn Minuten liegen (Reiß & Eifler, 2015, S. 146 f.). Vorliegend liegt die maximale Kurslänge von Pump up und dem Squash bzw. Badminton Training idealerweise bei 90 Minuten. Mit Up in the air bei einer Dauer von 45 Minuten sind auch kürzere Kurseinheiten enthalten. Es könnte noch darüber nachgedacht werden als Abwechslung beispielsweise kurze Einheiten für den Bauch von jeweils 30 Minuten einzufügen. Leider fällt negativ auf, dass zwischen den einzelnen Kursen keine Pausen bestehen. Dies sollte unbedingt verbessert werden, um ohne Hektik den Kurswechsel vollziehen zu können und das Überziehen der Kurse zu vermeiden. Zudem haben die Teilnehmer in den Pausen die Möglichkeit, Kontakt zum Kursleiter herzustellen, was sich förderlich auf die Bindung des Kunden zum Studio auswirken kann.

Weiter sollten die Kurse so eingeteilt sein, dass sie trainingswissenschaftlich zusammenpassen und die Teilnehmer dem Inhalt nach auch Kurse hintereinander besuchen können (Reiß & Eifler, 2015, S. 146). Dieser Punkt wurde im Kursplan sehr gut umgesetzt. So folgt beispielweise am Montag auf Bootcamp – mit dem Schwerpunkt auf Kraft – Rückenfitness als gesundheitsorientierter Kurs. Danach folgt Up in the air mit dem Schwerpunkt auf Ausdauer und dann wiederum ein kraftorientierter Kurs: Pump up. Lediglich am Freitag wäre es sinnvoll, auf Zumba nicht Step, als ebenfalls ausdauerorientierten Kurs folgen zu lassen, sondern einen kraft- oder gesundheitsorientierten Kurs. Beide Kurse sprechen ein ähnliches Zielpublikum an und sollten daher nicht unbedingt aufeinander folgen.

3.3 Kursplananalyse aus wirtschaftlicher Sicht

Der Kursplan sollte darüber hinaus die „Studio-Philosophie" der Fitnessanlage widerspiegeln, um zu einem positiven Gesamtergebnis beizutragen (Reiß & Eifler, 2015, S. 141 f.). Der Betrieb zeichnet sich zum einen dadurch aus, dass neben Gerätetraining, Kursen und Wellnessbereich zusätzlich Squash, Badminton, Bowling und Billard geboten werden. Zum anderen wurde mit der Errichtung der funktionellen Trainingsarena „Challenger Zone" 2015 ein weiterer Trainingsschwerpunkt gesetzt, um auch Trainierende aus dem Bereich CrossFit® zu erfassen.

Entsprechend dieser Studio-Philosophie enthält der Kursplan ein breites Spektrum von Squash Training, Bootcamp, Rückenfitness, Yoga und Zumba bis hin zu einer Vielzahl von HIT-FIT Kursen, welche Elemente aus dem CrossFit® integrieren. Die Planung ist auch auf das – basierend auf der Studio-Philosophie – vielschichtige Publikum aus allen Alters- und Leistungsklassen zurückzuführen. So finden sich neben ausdauer- und kraftorientierten Kursen auch gesundheitsorientierte Kurse. Im Bereich Body & Mind sind beispielsweise Yoga sowie Fascial Pilates vorgesehen und im Bereich der funktionellen Gymnastik bestehen Angebote, wie beispielsweise Rückenfitness. Für den Squash- und Badmintonbereich werden spezielle Trainingseinheiten als Kurs angeboten.

4 Planung einer Wirbelsäulengymnastik

Weiter wird eine 45-minütige Kurseinheit zum Thema Wirbelsäulengymnastik geplant. Reiß und Eifler (2015) verstehen unter dem Begriff Wirbelsäulengymnastik (WSG) „ein funktionsgymnastisches Gruppentrainingsangebot, das durch die Verbesserung der Körperwahrnehmung und gezielten Kräftigungs-, Mobilisations-, Dehnungs- und Entspannungsübungen sowie durch den Ausgleich von muskulären Dysbalancen Rückenschmerzen vorbeugt bzw. hilft, mit bereits bestehenden Rückenproblemen besser umgehen zu können" (S. 126).

Innerhalb der Planung werden die Punkte Zielgruppe, benötigte Materialien und geplanter Stundenverlauf – inklusive aller Inhalte – näher betrachtet.

4.1 Zielgruppe

Die Zielgruppe bestimmt, für welche Teilnehmer die Wirbelsäulengymnastik ausgelegt ist. Das ist jedoch kein Ausschlusskriterium für die Teilnehmer, die nicht von der Zielgruppe erfasst sind (Reiß & Eifler, 2015, S. 69).

Die Gruppengröße orientiert sich zunächst an der zur Verfügung stehenden Raumgröße von 40 qm. Da es sich um einen gesundheitsorientierten Kurs handelt, sollte Wert auf die Korrektur durch den Trainer gelegt werden. Dieser sollte sich zum einen frei im Raum bewegen können und zum anderen sollte er dem präventiven Kursziel noch gerecht werden. Die Teilnehmerzahl wird auf 15 begrenzt. In der Fitnessanalage stehen 25 Gymnastikmatten zur Verfügung, sodass diese für die Kurseinheit ausreichen.

Der Kurs Wirbelsäulengymnastik ist gleichermaßen für das weibliche und das männliche Geschlecht geeignet.

Die Kurseinheit richtet sich an Teilnehmer von 16 bis 60 Jahre, da im Studio eine Mitgliedschaft erst ab 16 Jahren möglich ist. Der Kursplan sollte zusätzlich eine Wirbelsäulengymnastik für 60 + vorsehen, um allen Altersstrukturen gerecht zu werden.

Die Teilnahme an der Wirbelsäulengymnastik erfordert keine Vorkenntnisse. Der Kurs eignet sich sowohl für Einsteiger als auch für Fortgeschrittene, da der Kurstrainer währenddessen gegebenenfalls verschiedene Variationen aufzeigen kann. Dadurch können Einsteiger gut integriert werden und Fortgeschrittene erhalten die Möglichkeit, sich zu steigern.

4.2 Material

In der Kurseinheit kommen folgende Materialien zum Einsatz:

- Handtuch

- Gymnastikmatte

- Ggf. Getränk in Plastikbehältnis

- Musikanlage; ruhige und harmonische Musik

4.3 Stundenplanung

In den folgenden Tabellen wird der Stundenverlauf der Wirbelsäulengymnastik mit Einleitung, Hauptteil und Schlussteil inklusive aller Inhalte dargestellt.

Die Einleitung lässt sich wiederum in die Begrüßung sowie das allgemeine und das spezielle Warm Up unterteilen. Im Hauptteil liegt der Schwerpunkt auf der Kräftigung der rumpfstabilisierenden Muskulatur.

Tab. 3: Stundenplanung WSG – Einleitung (eigene Darstellung)

Einleitung: 10 Minuten				
Ziel der Übung	Übungsbezeichnung	Übungsbeschreibung	Belastungsgefüge	Bemerkungen
- freundliche Begrüßung und persönliche Vorstellung - Schwerpunkt der Stunde - ggf. Einweisung von Neukunden				**Begrüßung**: 1 Minute
Allgemeines Warm Up: 5 Minuten				
Mentale Einstimmung	March	- Gehen auf der Stelle	Time under tension (TUT): 60 sek.	- Lineare Progression (LP) - LP: Schritt wird eingeführt - LP: Arme kommen dazu; shoulder circle back
Ziel der Übung	Übungsbezeichnung	Übungsbeschreibung	Belastungsgefüge	Bemerkungen
Vorbereitung Herz-Kreislauf-System, Erhöhung Körpertemperatur und Mobilisation der Gelenke	Step Touch	- aus Grundstellung rechtes Bein zur Seite öffnen - linkes Bein folgt; tippt mit Ballen neben rechtes Bein	TUT: 60 Sek.	- LP: Schritt ändert sich - LP: Armbewegung ändert sich; Push front
	Double Step Touch	- wie Step Touch; dann erneut rechtes Bein öffnen und mit linkem Bein tippen	TUT: 60 Sek.	- LP: Schritt ändert sich - LP: Armbewegung ändert

				sich; Side lift
	V-Step	- Grundstellung - rechtes und dann linkes Bein nach vorne in Grätschposition - rechtes du linkes Bein wieder in Ausgangsposition	TUT: 60 Sek.	- LP: Schritt ändert sich - LP: Armbewegung ändert sich; V-arms
Erhöhung Leistungsbereitschaft; Mobilisation großer Gelenke	Squat	- hüftbreiter Stand; Hände in U-Form - Knie 90° beugen; anschließend strecken	TUT: 60 Sek.	
Spezielles Warm Up: 4 Minuten				
Mobilisation obere Rückenmuskulatur	Rumpfausrichtung im Stand	- Bereich der Brustwirbelsäule nach vorne schieben und zurückziehen	TUT: 60 Sek.	gleichmäßige Atmung; Hinweise zur Körperwahrnehmung
Mobilisation untere Rückenmuskulatur	Rumpfausrichtung im Stand	- Bereich der Lendenwirbelsäule nach oben drücken und senken	TUT: 60 Sek.	
Vorbereitung Rumpfmuskulatur	Rumpfrotation im Squat	- Squatposition - Rumpfrotation nach rechts und links	TUT: 60 Sek.	
Mobilisation Wirbelsäule	Rückenstrecker im Stand	- im Wechsel - Bauchmuskulatur etwas lösen; Wirbelsäule nach unten hin strecken - Bauchmuskulatur aktiv anspannen; Wirbelsäule nach oben wölben	TUT: 60 Sek.	

Tab. 4: Stundenplanung WSG – Hauptteil (eigene Darstellung)

Hauptteil: 25 Minuten				
Ziel der Übung	Übungsbezeichnung	Übungsbeschreibung	Belastungsgefüge	Bemerkungen
Rückseitige Rumpfmuskulatur	Armheranziehen im Stand mit vorgebeugtem Oberkörper (dynamisch)	- Arme in U-Haltung neben Kopf - Beine ca. 120° gebeugt; Hüfte in rechtem Winkel - Arme neben Kopf strecken und wieder zu Ausgangsposition	3 Sätze à 12 Wdhl.	aufrechte Haltung; Wirbelsäule in physiologischer Doppel-S-Form
Übergang vom Stand zum Boden „gelenk- und wirbelsäulenfreundlich"				
Gesäß und rückseitige Rumpfmuskulatur	Diagonales Arm- und Beinheben im Vierfüßlerstand (statisch)	- Vierfüßlerstand - ein Bein mit gestrecktem Kniegelenk in Verlängerung des Rückens nach	3 Sätze à 3 Wdhl. (TUT:	Halswirbelsäule nicht überstrecken

Ziel der Übung	Übungsbezeichnung	Übungsbeschreibung	Belastungsgefüge	Bemerkungen
		hinten strecken - diagonalen Arm in Verlängerung des Rückens nach vorne strecken; Becken stabil	(jeweils 20 Sek.)	
Bauchmuskulatur	Beckenanheben (Beckenlift) (dynamisch)	- Rückenlage; Beine senkrecht mit Fußsohlen nach oben - Schultergürtel am Boden fixiert - Becken anheben und senken	3 Sätze à 12 Wdhl.	Langsame, geführte Bewegungen; kein Schwung
Seitliche Rumpfmuskulatur	Seitstütz (statisch)	- Seitstütz - Beine im Kniegelenk 90° gebeugt; Unterschenkel auf Boden - Oberkörper auf Unterarm gestützt; Ellbogen unter Schulter - Hüfte gestreckt	3 Sätze à 3 Wdhl./ Seite (TUT: jeweils 20 Sek.)	Variante: nur Füße auf Boden
Wirbelsäulenlateralflexoren	Wirbelsäulen-Lateralflexion in Bauchlage (statisch)	- Füße in Bauchlage aufstellen - Oberkörper leicht anheben; Hände im Nacken	3 Sätze à 3 Wdhl. (TUT: jeweils 20 Sek.)	Auf gleichmäßige Atmung achten
Rumpfmuskulatur; Ganzkörperspannung	Statischer Unterarmstütz	- Unterarmstütz; Ellbogen- unter Schultergelenk - mit gestreckten Beinen Becken und Knie abheben	3 Sätze à 3 Wdhl. (TUT: jeweils 20 Sek.)	Variation: Beine abwechselnd heben; 10 Sek. halten
Ziel der Übung	**Übungsbezeichnung**	**Übungsbeschreibung**	**Belastungsgefüge**	**Bemerkungen**
Rückseitige Muskelgruppen	Beckenanheben zur Schulterbrücke (statisch) mit Anheben der Beine	- Rückenlage; Beine anwinkeln und Füße aufstellen - Arme seitlich neben Oberkörper - Becken vom Boden abheben und Wirbelsäule nach oben hin aufrollen bis Oberschenkel und -körper eine Linie bilden	3 Sätze à 3 Wdhl. (TUT: jeweils 20 Sek.)	Variation: Arme langgestreckt hinter Kopf
Bauchmuskulatur	Oberkörperheben in der Rückenlage (Crunch gerade) (dynamisch)	- Rückenlage mit angewinkelten Beinen; Fersen drücken aktiv in Boden - Hände rechts und links am Kopf; Ellbogen nach	3 Sätze à 12 Wdhl.	Bei der Anstrengung ausatmen, bei der Entspannung

| | | - außen; Kopf ist angehoben
- Aufrollen Schultergürtel bis Lendenwirbelsäule; Abrollen in Ausgangsposition | | einatmen |
| Bauchmuskulatur | Oberkörperheben in der Rückenlage (Crunch schräg) (dynamisch) | - Rückenlage; Beine angewinkelt aufgestellt
- linke Hand seitlich am Kopf; Ellbogen abgespreizt; rechter Arm seitlich
- Kopf angehoben; Grundspannung in Bauchmuskulatur
- linke Seit des Schultergürtels diagonal bis zur Lendenwirbelsäule aufrollen; Abrollen | 3 Sätze à 12 Wdhl. | Bei der Anstrengung ausatmen, bei der Entspannung einatmen |

Tab. 5: Stundenplanung WSG – Schlussteil (eigene Darstellung)

Schlussteil: 10 Minuten				
Ziel der Übung	Übungsbezeichnung	Übungsbeschreibung	Belastungsgefüge	Bemerkungen
Rückenstrecker	Dehnung der Rückenstrecker (dynamisch) im Vierfüßlerstand	- Bauchmuskulatur etwas lösen; Wirbelsäule nach unten hin strecken - Bauchmuskulatur aktiv anspannen; Wirbelsäule nach oben wölben	TUT: 60 Sek.	**Cool-down**: 9 Minuten
Ziel der Übung	Übungsbezeichnung	Übungsbeschreibung	Belastungsgefüge	Bemerkungen
Gesäßmuskulatur	Dehnung der Gesäßmuskulatur (statisch) in Rückenlage	- ein Bein im Kniegelenk gebeugt abstellen - anderes Bein mit Unterschenkel an Oberschenkelvorderseite des Stützbeins - Stützbein zum Oberkörper ziehen	2 Wdhl./Seite; TUT: jeweils 15 Sek.	
Übergang vom Boden zum Stand „gelenk- und wirbelsäulenfreundlich"				
Seitliche Rumpfmuskulatur	Dehnung der seitlichen Rumpfmuskulatur (statisch) im Seitgrätschstand	- Seitgrätschstand - gestreckte Arme verschränkt über Kopf - Oberkörper bei gerader Beckenachse leicht zur Seite neigen	2 Wdhl./Seite; TUT: jeweils 15 Sek.	

Brustmuskulatur	Dehnung der Brustmuskulatur (statisch); Stand	- Hände hinter Körper - Arme aktiv nach oben anheben; Schultern tief	4 Wdhl.; TUT: je 15 Sek.	
Bauchmuskulatur/ Schultermuskulatur	Dehnung der Bauch- und Schultermuskulatur	- aufrechter Stand - Arme nach oben ausstecken und greifen - jeweils eine Seite halten	4 Wdhl./ Seite; TUT: je 15 Sek.	gemeinsamer Ausklang der Stunde
- Worte zum Stundenverlauf - Verabschiedung der Teilnehmer mit Dank für die Teilnahme - Entgegennahme von Anregungen				**Verabschiedung**: 1 Minute

Alle aufgeführten Übungen entstammen dem Grunde nach den Übungs- und Schrittsammlungen „Gruppentraining 1" (Deutsche Hochschule für Prävention und Gesundheitsmanagement, 2015).

Zu Beginn der Trainingsplanung stehen einstimmende Übungen im Gehen bzw. Stehen. Diese sind Ausdruck der langsamen und stetigen Belastungssteigerung. In der Einleitung findet das Prinzip „vom Bekannten zum Unbekannten" Anwendung (Reiß & Eifler, 2015, S. 74). So wird beispielsweise aus dem Step Touch der Double Step Touch entwickelt und aus einem einfachen March der V-Step. Der Hauptteil wurde - entsprechend dem Schwerpunkt der Einheit - mit Übungen zur Kräftigung der rumpfstabilisierenden Muskulatur gestaltet. Während des Hauptteils findet der Übergang vom Stand auf den Boden statt. Dabei sollte auf die „gelenk- und wirbelsäulenfreundliche" Bewegungsausführung geachtet werden (Reiß & Eifler, 2015, S. 51). Aufgrund der Systematik werden die geraden vor den schrägen Bauchmuskeln trainiert. Um bezüglich des Leistungsniveaus flexibel zu sein, sind für einige Übungen Variationen vorgesehen. Es wird mithin „vom Leichten zum Schweren" gearbeitet (Reiß & Eifler, 2015, S. 73). Im Schlussteil finden sich die zum Hauptteil passenden Dehnübungen. Die Reihenfolge wurde vom Unterkörper nach oben gehend gewählt. Während des Cool-downs findet ein Übergang zum Stand statt, um die Herz-Kreislauf-Tätigkeit vor Schluss der Stunde zurückzufahren und die Körpertemperatur zu senken (Reiß & Eifler, 2015, S. 67).

5 Literaturverzeichnis

Deutsche Hochschule für Prävention und Gesundheitsmanagement (2014). *Schritt- und Übungssammlungen Gruppentraining 1*. Zugriff am 01.05.2016. Verfügbar unter https://ilias.dhfpg.de/goto.php?target=fold_2208352&client_id=DHfPG

Hollmann, W. & Hettinger, T. (1990). *Sportmedizin – Arbeits- und Trainingsgrundlagen*. Stuttgart: Schattauer.

Reiß, M. & Eifler, C. (2014). *Studienbrief Gruppentraining I*. Saarbrücken: Deutsche Hochschule für Prävention und Gesundheitsmanagement.

Zintl, F. (1997). *Ausdauertraining*. München: BLV-Sportwissen.

6 Abbildungs- und Tabellenverzeichnis

6.1 Tabellenverzeichnis